chocolate

フランスではボンボン・ショコラ。

ベルギーではプラリネ。

スイスやドイツではプラリーネン。

舌の上でゆっくりと溶けゆくなめらかな触感、

鼻腔でふくらんでいくほろ苦い香り、

身体中に広がっていく甘美な幸福感……

チョコレートはひとくちサイズの芸術品。

sweet happiness

貴族や戦士だけに許されていた飲みもの
ショコアトル

中南米に自生していたカカオの樹。
その存在は4000年も前から知られていました。
すでに3世紀頃には、マヤ族にとってカカオは文化・宗教的に重要なものだったとか。
また、14世紀に栄えたアステカ帝国時代には、カカオは王への捧げ物だったことが古文書に記されています。
カカオから作られる飲み物は「ショコアトル」(苦い水)と呼ばれ王や貴族、勇敢な兵士だけに許された贅沢な飲みものでした。

xocoatl

アステカ族の記録である古文書

CALLEBAUT
INSPIRED BY YOUR CRAFTSMANSHIP
カレボー資料提供

“神の食べ物”
テオブロマの名を授かったカカオ豆

カカオ豆の学名は「テオブロマ・カカオ」。
テオブロマとは"神の食べ物"という意味のギリシャ語です。
カカオ豆に含まれているのがこの名に由来するテオブロミンという成分。カカオ豆独特のほろ苦い香り……テオブロミンは脳を活性化させ、集中力や記憶力を高めるほか、自律神経を調節して気分をリラックスさせる効果もあるそう。
当時は、甘い飲みものとしてではなく、石臼ですりつぶしたカカオ豆を湯に溶かし、チリやシナモンなどのスパイスや薬草を混ぜて飲んでいました。

theobromine

実をつけるまでに
最低３年を要するカカオ。
この大きな果実の中に
30個から50個のカカオ豆が
入っている

CALLEBAUT
INSPIRED BY YOUR CRAFTSMANSHIP
カレボー資料提供

貴重な種は貨幣代わり。
カカオは薬として薬局で扱われていた

カカオ豆は「交易品」だっただけでなく、インディオたちにとって貴重なその種は「貨幣」代わりでもあったそうです。
また、利尿作用や筋肉弛緩作用などの薬効も知られていて、古くから「医薬品」として珍重されていました。
アステカ帝国に攻め入った戦士たちにとってはカカオは疲労回復の精力剤であり、後にヨーロッパに渡った後も薬局で扱われていたといいます。

medicinal
powers

カカオ豆100粒が
奴隷1人と交換されるほど
価値が高かった

CALLEBAUT
INSPIRED BY YOUR CRAFTSMANSHIP
カレボー資料提供

大航海時代にスペインにもたらされ
砂糖を加えた飲みものに

カカオがヨーロッパに伝わったのは16世紀。
アステカ帝国を征服したエルナン・コルテスがスペインに持ち帰ったのです。金を求めて大海原へと漕ぎ出したコルテスでしたが、発見したのは金同様の価値をもったカカオであり、スペイン国王をも魅了したチョコレートは長らくスペイン王室の秘密とされていました。当初は、辛みをつけた男性の飲みものでしたが、スペインの修道女がこれにバニラや蜂蜜、砂糖などを加えた甘いチョコレートドリンクとして飲み始めたといわれています。

hernando
cortes

粉末のカカオで作る
ショコアトルでもてなされ
味の虜となったコルテスは
カカオを財宝と共に
スペインへと持ち帰った

CALLEBAUT
INSPIRED BY YOUR CRAFTSMANSHIP
カレボー資料提供

偶然の菓子を応用したプラリネに
今も息づく職人の手技

スペインからヨーロッパ諸国へと伝わり上流社会に愛飲されてきたチョコレートがベルギーに伝わったのは18世紀。

ベルギーではひと口大のチョコレートのことを「プラリネ」と呼んでいます。これはフランス・プラスリン公爵の料理人が誤ってアーモンドに熱した砂糖をかけてしまったのが始まり。これが意外にも美味しかったため、その菓子にプラリネと名づけたのです。その菓子がベルギーのチョコレート職人によって応用され、クリーム・キャラメル・ガナッシュ・プラリネなどを詰めたひと口大のチョコレートの名称となったのだとか。

味や形が何百種類にも及ぶプラリネの繊細な形やデコレーションには、現在も職人の手技と誇りが息づいています。

praline

スペインを介して
ヨーロッパ諸国に広まり、
19世紀になって固形チョコレートが
作られるようになった

「ショコラはいかが？」が誘い文句。
チョコレートは恋の媚薬

その人のことを想うだけで心がときめき、気分が高揚してしまう……。恋をしたときの甘い陶酔感は、誰もが一度は経験したことがあるでしょう。
これは、脳内で分泌される物質「フェニルエチルアミン」の作用によるものだということがわかっています。そして、このフェニルエチルアミンに似た成分がチョコレートに含まれているのだとか。なるほど、フランスのサド公爵がチョコレートのことを「禁断の媚薬」といっていたのもうなずけます。
「ショコラはいかが？」が誘い文句だったなんて、なんだかとてもロマンチック。

phenylethylamine

イタリアのプレイボーイ、カサノヴァは
女性にホットチョコレートを飲ませて
口説いていたという説も

Diamond
（DEL REY）

恋人たちを結びつけていた
バレンチノにちなんだバレンタインデー

2月14日は「バレンタインデー」。
日本では、女性から男性へ愛を込めてチョコレートを贈る日としておなじみですが、海外では、男性から女性に花束などを贈るのが一般的です。
そもそもバレンタインとは、3世紀にローマ皇帝に処刑されたキリスト殉教者の名前「バレンチノ」が語源。当時、皇帝は「兵士たちの士気が落ちる」という理由で若者の結婚を禁じていましたが、それを哀れに思ったバレンチノがこっそりと恋人たちを結びつけていたのだとか。それが皇帝の怒りに触れ、処刑されたのが2月14日。以来、この日が「愛の日」となったのです。
欧米では、バレンタインデーにプロポーズする男性が多く、バレンタインデー前になると婚約指輪がよく売れるそうです。

st. valentine's
day

チョコレートを贈る習慣は、
イギリスのチョコレート会社が
ギフト用に箱に詰めて
売り出したのが始まりだとか

post card

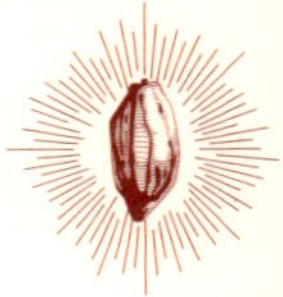

illustration: HIMAA art direction: BANG! Design publishing direction: MEDIASEEK INC.

love spice

甘い夢へと導いてくれる!?
ホテルの枕に添えられたチョコレート

ヨーロッパなどのホテルに滞在するとターンダウンされたベッドの枕元にチョコレートが置かれていることがあります。「アフターダーク」とも呼ばれる習慣で、ナイトキャップ代わりにチョコレートを用意する細やかなゲストサービスです。心をリラックスさせるチョコレートを就寝前にひと口……。「Sweet dreams.（甘美な夢を）」

after dark

「プラリネ」や
コイン型チョコレートの
「パスティル」など、
ホテルこだわりの
チョコレートセレクションも楽しみ

全世界のカカオ豆生産量の2%という
幻の極上カカオを使ったチョコレート

世界のトップ・ショコラティエを魅了するチョコレート原料といえば、カレボー。およそ150年前の乳製品の商いから始まったカレボーは、今や世界中のプロにチョコレートを供給する一大ブランドとなりました。

プロが認めるカレボーの中でも、もっとも貴重なのが「オリジン・チョコレート」。全世界のカカオ豆総生産量の2%あまりという、ごく限られた生産量をもつ産地から届くカカオ豆から作られる、幻ともいえるチョコレートなのです。

callebaut

カリブ、アフリカ、アジアの
限定産地から届く
カカオ豆を使ったチョコレートは、
一度は味わってみたい極上の味

the best of the best chocolate collection
noir extra fin
Grenade
60% cacao

シャンパン × ホワイト・トリュフ

ルネとジャン＝バティスト・ジョフロワ父子は300年以上の伝統を守るシャンプノワ・ファミリー。「小規模ながら申し分のないシャンパン会社」と評判です。ルネ・ジョフロワの「キュベ ド レゼルヴ ブリュット」は黒ぶどうをふんだんに使ったなめらかな口当たりが特徴。かすかにカカオ系のコクも感じられます。
このシャンパンを口に含みながら、サラサラの触感が雪化粧を思わせる「トリュフ シャンパン」をひとかじり……チョコの中に封じ込められていたお酒の鮮やかさが目を覚まし、キュベ ド レゼルヴ ブリュットの颯爽とした清涼感と絶妙なハーモニーを奏でてくれます。

sweet marriage 1

Rene Geoffroy
Premier Cru
Cuvee de Reserve Brut
×
Truffe Champagne

チャーリーはマグに口をつけた。

こってりした、

あたたかいチョコレートが、

喉を通って、

ぺこぺこのおなかへ流れ込み、

頭のてっぺんから爪先まで、

全身がうれしさにぞくぞくして、

しびれるような幸福感が

いっぱいにひろがった。

ロアルド・ダール作、柳瀬尚紀訳
「チョコレート工場の秘密」より（評論社刊）

charlie and the
chocolate factory

ROALD DAHL

Charlie
and the
Chocol[ate]
Fact[ory]

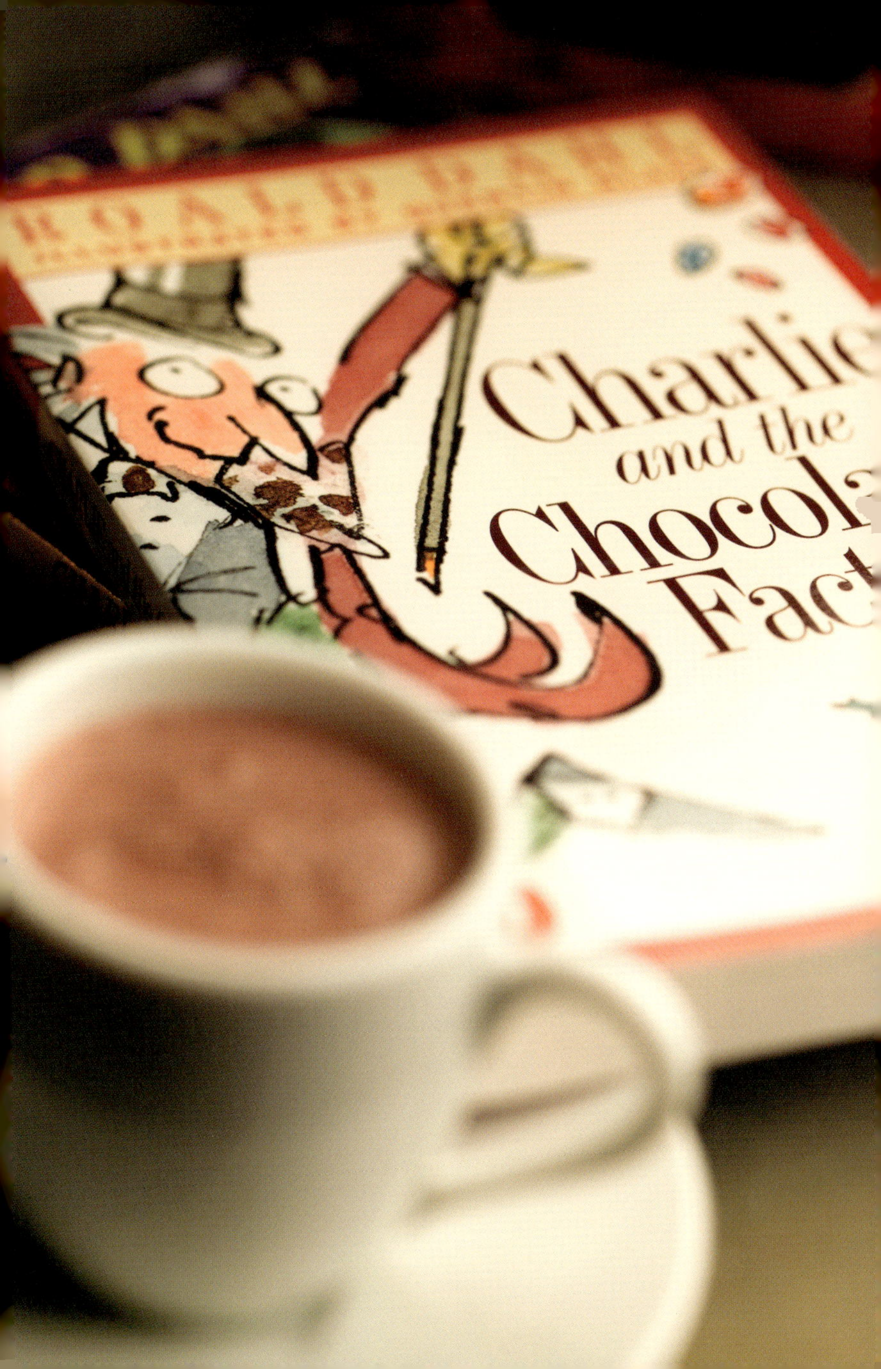

シングルモルト × オレンジ・チョコレート

マノッホモア18年ザ・マネージャーズ・ドラムは1997年に瓶詰めされたシングルモルトウィスキー。蒸留所の管理者たちが100樽以上ある原酒から厳選したというだけあって、ライトな色からは想像できない濃密さが味わえます。樽からそのまま瓶詰めした上質の原酒は、66%というアルコール度数の高さを感じさせません。まずは、そのままストレートで味わってはいかがでしょう。
好相性のチョコレートは、マノッホモア18年のなめらかな触感がオレンジ風味のダークチョコレートの素材の良さを際立たせる、レオニダスの「ナポリタン・オレンジ」。オレンジとカカオのコクが、口中でウイスキーのカカオ系の旨みと融合していきます。

sweet marriage 2

Mannochmore
The Manager's Dram
18 years old
×
Napolitain Orange
(Leonidas)

カカオポリフェノールで
美味しく健康に

身体を錆びさせる活性酸素を防ぐ抗酸化物質のひとつがポリフェノール。赤ワインのポリフェノール効果はよく知られていますが、カカオ豆に含まれるポリフェノールは100ccの赤ワインに0.3 gなのに対し、100 gのチョコレートには0.8 gも含まれている*のです。

また、カカオポリフェノールはLDL（悪玉）コレステロールが動脈壁に沈着するのを防ぐ効果があることもわかっています。ほかにも、ピロリ菌の発生を抑制するなど、様々な健康効果が解明されています。

cacao
polyphenol

チョコレートはカルシウムや鉄、
マグネシウム、亜鉛などの
ミネラルや水溶性の食物繊維も豊富

*日本食品分析センター調べ

CALLEBAUT
INSPIRED BY YOUR CRAFTSMANSHIP
カレボー資料提供

CALLEBAUT

ポートワイン × フランボワーズ

「グラハムトーニー30年」は重厚な甘さをたたえるポートワイン。30年という熟成期間を経て、葡萄本来のどっしりした複雑さを身につけたデザートワインに仕上がっています。この複雑さをさらに高めてくれるのが、ヴィタメールの「フランボワーズ」。甘酸っぱいフランボワーズソースの新鮮な酸味が加わると、さらなる完成度の高い複雑さが広がり、いいようもない幸せな余韻を楽しめます。

sweet marriage 3 }

Graham's Tawny Port
aged 30 years
×
Framboise
(WITTAMER)

女心を惑わすダイヤモンドとチョコレート——このふたつを結びつけるのはアントワープ。ベルギー北部に位置するアントワープは、14世紀よりダイヤモンド取引の中心地であり、1949年創業のチョコレートショップの老舗「デルレイ」もその街にあります。

Orangette
(DEL REY)

diamond & chocolate

外見を飾る石から心を癒す石に
ダイヤモンド・セラピーが流行の兆し

地球上でもっとも純粋な宝石といわれるダイヤモンドは、身につけているだけでエネルギーを高めてくれるそう。
そして、最近ハリウッドセレブの間で流行しているのが、カラーダイヤモンドを使ったダイヤモンド・セラピーです。心身のバランスや愛情・純粋さを高める無色透明、自身を見つめ直す誠実な心を与えてくれるブラック、健康を増進し、精神力を強めてくれるブルー、より愛情深く思いやりのある人間にしてくれるイエロー、創造的表現力を養ってくれるピンク……こんなカラーダイヤモンドの個性を知っていると、ジュエリー選びがもっと楽しくなりそうですね。

{ healing

外見を飾るだけでなく、
ヒーリングなど内面への効果が
期待できるダイヤモンド。
ダイヤモンドパウダーを利用した
ポリッシングクリームなど、
フェイシャルトリートメントにも利用されている

ファッション性が高い
カラーダイヤモンドの人気が上昇中

無色に近いほど光をスムーズに透過させて虹色に輝くことから、完全無色が希少とされていますが、ゴールデン・ジュビリーやドレスデン・グリーンなどのカラーダイヤモンドも、世界的に知られる存在。
最近は、ファッション志向で選ぶ人が増え、カラーダイヤモンドの人気が高まっています。ピンク、レッド、オレンジ、シャンパン、コニャック、イエローゴールド、グリーン、ブルー……トラディショナルな無色透明からファッショナブルなカラーへ、ダイヤモンドのトレンドも年々変化しています。

{ colour

ガビ・トルコフスキー氏によって
研磨されたゴールデン・ジュビリー。
色はファンシー・イエローブラウン、
サイズは545.67カラット。
現在はバンコクの王立博物館に展示されている

post card

illustration: HIMAA art direction: BANG! Design publishing direction: MEDIASEEK INC.

love spice

トレンドはアカデミー授賞式で誕生！
最近の注目は「ラフダイヤモンド」

毎年、アカデミー授賞式などでセレブリティを華やかに飾るダイヤモンドが話題となりますが、これは1934年、子役スターだったシャーリー・テンプルが756カラットの原石を手に登場し、注目を浴びたのが始まりだとか。
「彼女がレッドカーペットの上を歩くと新しいトレンドが生まれる」と称されるニコール・キッドマンが、ラフダイヤモンドのジュエリーをまとって登場したのは2004年のアカデミー授賞式。このジュエリーは、ダイヤモンドのデザイン史に残るセンセーションを巻き起こしました。

{ celebrity

ニコール・キッドマンの
ラフダイヤモンド使いが、
ダイヤモンド・ジュエリーの
新しいトレンドに

ハリウッドスターの愛と富の象徴
最高級のダイヤモンド、テーラー・バートン

リチャード・バートンがエリザベス・テーラーに数々のジュエリーを贈ったことは知られていますが、有名なのは、1972年に彼女の40歳の誕生日に贈り、後に「テーラー・バートン」と呼ばれるようになる69.42カラットのペア・シェイプのダイヤモンドです。
240.75カラットの原石はDカラー（無色）、フローレス（内包物なし）の最高級グレード。100万ドルを越える高値でカルティエが落札したものをリチャード・バートンが購入し、彼女に贈ったものです。1978年の離婚後、彼女はテーラー・バートンを競売にかけ、約50万ドルで落札され、現在はサウジアラビアに渡っているといわれています。

{ taylor-burton

エリザベス・テーラーは、
グレース王妃の40歳の誕生日に
このテーラー・バートンをつけて
お祝いに行ったとか

所有者に不幸をもたらし続けた
悲劇のダイヤモンド、ブルーホープ

なかには、転々と変わっていく持ち主に不幸をもたらした悲劇のダイヤモンドもあります。
その名はブルーホープ――ルイ14世が買い取り、それを受け継いだルイ16世と王妃マリーアントワネットはフランス革命で処刑。宝石はフランス革命中に盗まれてしまいました。1930年、ロンドンに再び現れ、ヘンリー・フィリップ・ホープによって買い取られたことから、ブルーホープの名がつきました。
ところが、ホープ家の一族も不慮の死や不幸に見舞われ「ブルーホープの所有者は不運に遭う」という風評が……。それでも、その美しさに魅せられた人の手に次々と渡り、不幸をもたらし続けたという逸話をもつダイヤモンドです。

{ blue hope

45.52カラットのブルーホープは、
現在スミソニアン博物館に所蔵されている

スクエアやペア・シェイプ、

どのように形が変わっても

ダイヤモンドはダイヤモンド。

だからダイヤモンドは

女の子の最高の友達。

アニタ・ルース
「紳士は金髪がお好き」より

best friend

女優としての
マリリン・モンローも、
自身の顔に注目が集まるよう
ダイヤモンドのイヤリングしか
つけなかったといわれている

50 mm
60 mm

研磨に約3年を費やした
世界最大のセンティナリー・ダイヤモンド

1986年に発見されたセンティナリー・ダイヤモンドは、原石の大きさがなんと599.10カラット。世界に知られる研磨師ガビ・トルコフスキー氏が約3年の歳月をかけて、見事なダイヤモンドへと変身させました。
ファセット（カット面）はガードル部分が83、その上下の部分が164、合計で247面にもおよぶ精巧なカットが施されています。273.85カラットの仕上がりは、近年カットされたダイヤモンドとしては世界最大のサイズです。

the centenary

247のカット面が
眩いきらめきを織りなす
センティナリー（100年）

最大限の光を取り込むカッティングに息づく研磨師の熟練技

カラー（色）、カラット（重量）、クラリティ（透明度）、カット（形のバランスと研磨仕上げの状態）、ダイヤモンドの個性を定義するのは「4つのC」です。
なかでも、カットはダイヤモンドの永遠の輝きを引き出す総仕上げともいえる繊細な作業。研磨師は、原石の特質に合わせてそのシェイプを決め、想像力と熟練技を駆使して光を最大限に取り込むカットを施していきます。

{ cutting

ペア、ハート、エメラルド、
ラウンドブリリアント、スクエア、
オーバルなど、
シェイプ（形状）は様々。
それぞれのシェイプに最適なカットを施すことで、
その輝きが増幅される

ムガル帝国の皇帝を魅了した
コー・イ・ヌール

歴史をひもとけば、最初にダイヤモンドの魅力にとりつかれたのは男性であることがわかります。
亡くなった愛妻ムムターズ・マハルのために、美麗な霊廟タージ・マハルを建立したインド、ムガル帝国のシャー・ジャハーン皇帝もその一人。ダイヤモンドの情熱的収集家として知られていた彼が手に入れた見事なダイヤモンドのひとつが、世界最古といわれる「コー・イ・ヌール」です。「コー・イ・ヌールを持つ者が世界を征服する」といわれたこのダイヤモンドをめぐり、何世紀にもわたって国王同士の奪還争いが行われたほどでした。

{ koh i nor

孔雀の片目として
シャー・ジャハーン皇帝の孔雀の玉座に
はめ込まれていたとされる
重さ 108.93 カラット、
オーバル·カットのコー・イ・ヌール

ダイヤモンドで愛のメッセージを
ガラスに刻んだエリザベス1世

指輪にはめ込まれているダイヤモンドの鋭く尖った先端を使ってガラスに恋文を刻み、戯れていた時代もありました。チューダー朝最後の英国女王となったエリザベス1世も、ダイヤモンドを使ってウォルター・ローリー卿と愛のメッセージを交わしています。

ローリー卿
「我は、昇ることを切に望むけれど、落ちることは恐れる」

エリザベス1世
「落ちるのを恐れるならば、いっそ昇りませんように」

{ engraving
love

自然のままの
8面体の結晶がはめ込まれていた
ダイヤモンドの指輪。
15世紀以降はテーブルトップ・カットが
デザインの主流となっていった

15世紀、王侯貴族が
ダイヤモンドを婚約指輪に

その硬さゆえダイヤモンドは「永遠」の象徴であり、それはまさに「結婚の理想」を表すものでした。このダイヤモンドを最初に婚約指輪としたのは、後にローマ皇帝となるハプスブルク家の王子、マキシミリアン大公。1477年にマリア公女に贈った婚約指輪が、史実上では最初といわれています。

{ eternity

バケット・カットの前身となる
かまぼこ型のダイヤモンドが
「M」をかたどる婚約指輪。
オリジナルはウィーンの美術史美術館に
所蔵されている

戦場に向かう男のためのパワーストーン
それがダイヤモンド

ダイヤモンドの語源は「征服されざるもの」を意味するギリシャ語の「アダマス」。
まさに何者にも屈しない硬さと権力の象徴です。宗教や領地など、争いが絶えなかった中世の時代、ラフダイヤモンドは戦場へと向かう男たちの身を守る究極のパワーストーンでした。
そして、それは同時に彼らが最愛の女性たちに贈った、最強のお守りでもあったのです。

powerstone

愛する女性を守る証に
ラフダイヤモンドを贈ったこの習慣が
ダイヤモンド・ギフトの始まりとか
© De Beers Images

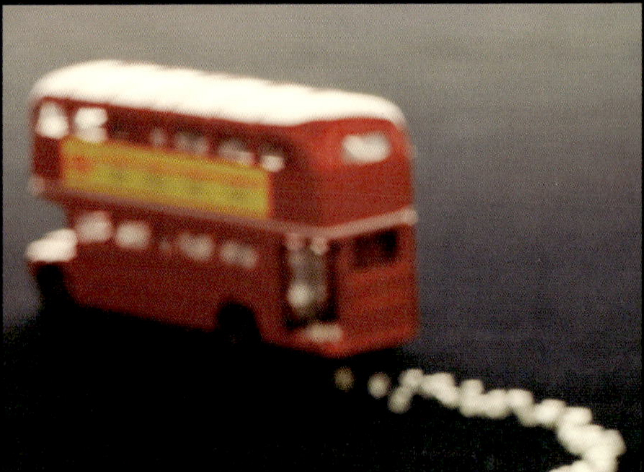

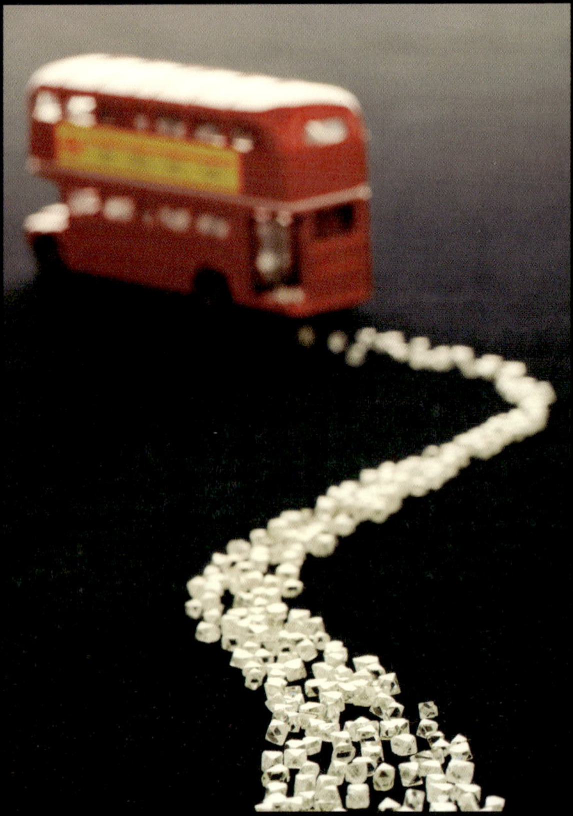

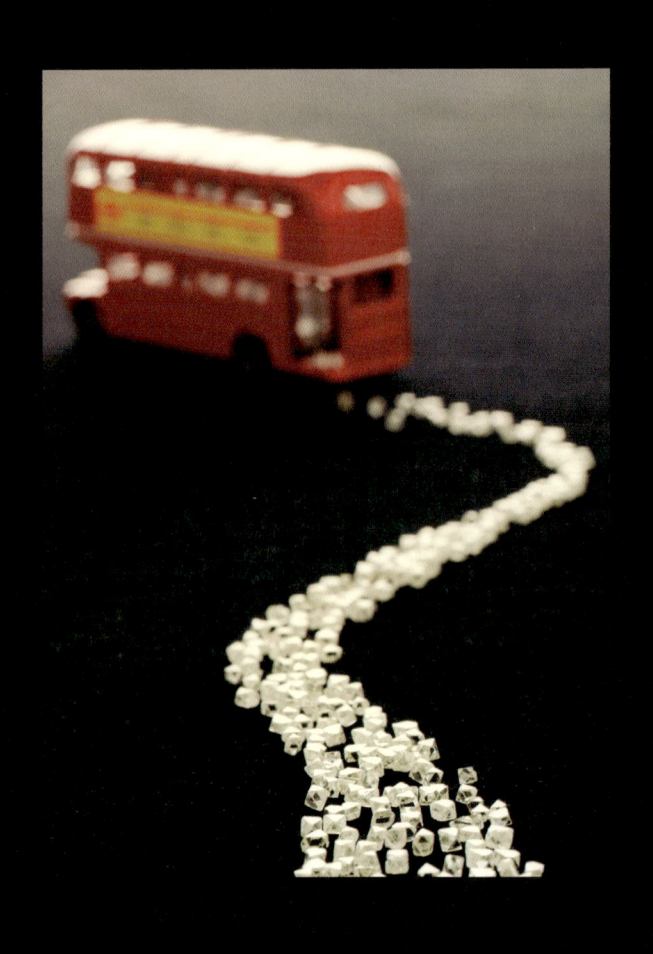

2階建てバス1台分!?　研磨済みダイヤモンドの世界流通量はごくわずか

ダイヤモンドは、この地球上でもっとも硬い天然物質。色もサイズもすべて異なる唯一無二の宝石です。自然の奇跡ともいえる美の結晶ダイヤモンドは、採れる量もごくわずか。
今までに研磨された世界中のダイヤモンドを集めても、その量はロンドンを走る2階建てバス1台分にしかなりません。

{ precious

ダイヤモンドが身近になった現代でも、
この流通量を聞けば
その希少性がわかるはず

数十億年の時を経て創造された
地球からの贈り物

ダイヤモンドが地球で形成されたのはおよそ30億年前。新しいものでも9億年以上もはるか昔のことでした。
鉛筆の芯を構成するのと同じ炭素が、噴火の圧力と高温という過酷な環境を潜り抜けて固い結晶となり、深い地底から地表へと顔を出してダイヤモンドに……。
今、あなたの手にたどり着いたダイヤモンドは数十億年の時を経て創造された「地球からの贈り物」なのです。

{ gift

噴火の熱に溶けることなく、
圧力にも耐えて
美しい結晶となった
ダイヤモンド
© De Beers Images

noble

ダイヤモンドを贈られた者は

強さと高潔さを手に入れ

悲しみに襲われることはない。

争いごとや誘惑や悪意にとらわれることもない。

ひとりの人間として完全な存在になり

情欲にかられることもない。

ダイヤモンドは人間を豊かにし

価値と徳で満たしてくれる。

ダイヤモンドは愚か者や敵さえも寄せつけない。

ダイヤモンドを身につける者は神を愛する者である。

妻にすべての愛情を捧げ

家族と幸せに暮らすのである。

1513年、ロンドンの
「ゴールドスミス・ワーシップフル・カンパニー」より

diamond

編者：鷲津郁子（株式会社メディアシーク）

アートディレクション：坂哲二（BANG! Design）
デザイン：宮添浩司（BANG! Design）
イラスト：HIMAA
撮影：岡田純也（studio uoos）
編集&ライティング：成田恵子（株式会社メディアム）、笠井貞子
協力・資料提供：バリーカレボージャパンリミテッド、
株式会社前田商店、株式会社AP、
DTC（ダイヤモンド トレーディング カンパニー）、
吉田岳史（エレヴァージュ）